AF216639

Johanna Handschmann

Quinoa Rezepte

einfach - schnell - vegetarisch

Genießen mit Quinoa,
dem beliebten und gesunden
Superfood

BOOKS on DEMAND

FSC
www.fsc.org

MIX

Papier aus ver-
antwortungsvollen
Quellen
Paper from
responsible sources

FSC® C105338

Johanna Handschmann

Quinoa Rezepte
einfach - schnell - vegetarisch

Genießen mit Quinoa,
dem beliebten und gesunden Superfood

Alle Rezepte VEGETARISCH mit FlexiTipps für Nicht-Vegetarier
Über 20 Rezepte VEGAN
Alle Rezepte glutenfrei
Rezepte einfach zuzubereiten
Mit abwechslungsreichen Gemüse- bzw. Obstkombinationen
Informative Quinoa-Warenkunde
Alle Rezepte mit Foto

Johanna Handschmann
war Fachschulrätin und Dozentin für Ernährungslehre an der Pädagogischen
Hochschule Karlsruhe und Hauswirtschaftslehrerin. Sie hat in den letzten 30
Jahren ca. 40 Kochbücher veröffentlicht.
Heute lebt sie am Bodensee und arbeitet als freie Autorin (z.b. für den Süd-
west/Bassermann Verlag) und als Ernährungscoach. Sie ist Expertin für indivi-
duelle Ernährungssituationen wie z.b. Stoffwechseltyp-Ernährung, glutenfreie
Ernährung, Low Carb und Rotationsdiät. Sie ist weiterhin Fachautorin für
kreative Fleisch-, Fisch-, und Gemüseküche, vegetarische und vegane Ernährung, Vollwertkost, Trennkost.

Bibliografische Information der Deutschen Nationalbibliothek:
Die Deutsche Nationalbibliothek verzeichnet diese Publikation in der Deutschen Nati-
onalbibliografie; detaillierte bibliografische Daten sind im Internet über
http://dnb.dnb.de abrufbar.
Text und Rezepte: Johanna Handschmann (j.handschmann@t-online.de)
Cover-Design: Dr. Wolfgang Handschmann (handschmann@t-online.de)
Fotos: Dr. Wolfgang Handschmann
Sprache: Deutsch: neue Rechtschreibung
© 2018
überarbeitete Auflage von „Royal Quinoa Rezepte" © 2016
Herstellung und Verlag: BoD - Books on Demand, Norderstedt
ISBN: 9783746077871

Dieses Werk ist in allen seinen Teilen urheberrechtlich geschützt. Jede Verwertung von Titel, Text,
Rezepten, Tabellen oder Bildern außerhalb der engen Grenzen des Urheberrechtsgesetzes ist
ohne schriftliche Zustimmung der Autorin unzulässig und strafbar. Das gilt für alle Arten von
Vervielfältigungen, fotografischen Kopien aller Art, Übersetzungen, Speicherung und Versendung
auf elektronischem Wege.

Die Inhalte des vorliegenden Buches wurden von der Autorin nach bestem Wissen und Gewissen
erstellt und mit größter Sorgfalt geprüft. Alle Rezepte in diesem Buch wurden von der Autorin
sorgfältig zusammengestellt und mehrfach auf Durchführbarkeit und Geschmack geprüft.

Trotz allem können Fehler nie vollständig ausgeschlossen werden. Die Autorin übernimmt daher
keinerlei juristische Verantwortung sowie Haftung für Schäden, die aus dem Gebrauch dieses
Werkes oder Teilen daraus entstehen. Ebenso übernimmt die Autorin keine Gewähr für Vollstän-
digkeit des Inhalts. Markennamen oder Warenzeichen, die hier genannt werden, sind Eigentum
der rechtmäßigen Inhaber.

Inhalt

Geschichte, Entwicklung und Herkunft

Quinoa, auch "Wunderkorn aus den Anden" genannt, hat in den letzten 30 Jahren in Europa eine beträchtliche "Karriere" hingelegt. Die Pflanze wurde 2013 von den vereinten Nationen sogar als "Pflanze des Jahres" gekürt, was den besonderen Wert dieser traditionellen Pflanze aus den südamerikanischen Andengebieten für die Gesundheit unterstreicht. Heute wissen wir, dass Quinoa nicht nur ein perfekter Eiweißlieferant ist, sondern auch durch seinen hohen Gehalt an Mineralien, Vitaminen und Omega 3 Fetten in der Gesundheitsszene große Bedeutung und Beachtung erreicht hat.

Bei den Andenvölkern in Südamerika ist das Superkorn Quinoa bereits seit 6000 Jahren als wertvolle Nahrungs- und Energiequelle bekannt. Quinoa (gesprochen *kinwa*) ist eine traditionelle Pflanze, die neben Amaranth zu den Grundnahrungsmitteln bei den früheren Hochkulturen der Inkas und Azteken gehört hat. Leider wurde der Anbau dieser Pflanzen durch die spanischen Eroberer bei Todesstrafe verboten. Die geschah vermutlich mit der Absicht, die indigene Bevölkerung zu schwächen und sie vom Import der europäischen Getreidesorten abhängig zu machen.

Zum Glück wurde die Pflanze nicht ganz ausgerottet und das Quinoa-Saatgut von Generation zu Generation heimlich weitergegeben. Erst seit den 50'er Jahren des letzten Jahrhunderts wurde anlässlich eines Besuches des spanischen Königspaares, Quinoa offiziell "rehabilitiert" und wird seitdem wieder vermehrt von bäuerlichen Kleinbetrieben nach alter Tradition angebaut.

Da Quinoa sehr begehrt ist, wird er nicht nur in Südamerika, sondern auch in anderen Regionen der Welt angebaut.

Die hochwertigsten Quinoa-Sorten stammen aus den bolivianischen Anden. Das entsprechende Saatgut ist das über 6000 Jahre lang kultivierte Ur-Quinoa und wird nur in der Hochlage oberhalb von 3800 m angebaut.

Quinoa-Steckbrief

Quinoa ist eine schnellwachsende Pflanze und es können neben den eiweiß-reichen Samen auch die grünen Pflanzenteile als Gemüse verzehrt werden. Mit seinem wertvollen Nährstoffprofil ist Quinoa sehr gut geeignet gerade in ärmeren Ländern die Bevölkerung vollwertig zu ernähren.

Botanisch gesehen ist die Quinoapflanze (Chenopodium Quinoa) mit Spinat, Mangold und Roter Bete verwandt, ist also kein Getreide. Quinoa wird daher häufig auch als "Pseudogetreide" bezeichnet.

Hohe biologische Wertigkeit:

Quinoa hat die gleiche hohe biologische Wertigkeit wie Rindfleisch (83%) und liegt damit höher als Fisch-Eiweiß (70%).

Hochwertiger Proteinlieferant

Quinoa enthält alle 9 essenziellen (lebenswichtigen) Aminosäuren, die für den Aufbau von Körpereiweiß von grundlegender Bedeutung sind. Nur die Samen der Pflanzen Quinoa und Amaranth - beide aus dem südamerikanischen An-dengebiet - enthalten alle 9 essentiellen Aminosäuren. Damit haben die Qui-noasamen einen hohen Gesundheitswert mit optimaler Eiweißversorgung, was vor allem für Vegetarier und Veganer von großer Bedeutung ist. Für Mischköstler ist Quinoa eine besonders gesunde Ergänzung und Abrundung der persönlichen Eiweißversorgung.

Essentielle Aminosäuren in Quinoa, ungekocht (Mittelwert aus mehreren Studien)	
Aminosäure	g/100g
Histidin	2,8
Isoleucin	4,6
Leucin	6,5
Methonin + Cystin	4,0
Phenylanalin + Tyrosin	6,8
Threonin	3,3
Valin	4,7
Lysin	5,6
Tryptophan	1,2

Aminosäurenprofil von Quinoa

Mengen in 100 g Samen Quinoa, **ungekocht**	
Nährstoffbezeichnung	Nährstoffwerte [g]
Kohlenhydrate	50
Balaststoffe	4,2
Fette	4 - 6
ungesättigte Fettsäuren	> 50%
Linolsäure	30 - 50%
Proteine	**11 - 19**
Lysin	860 - 910 mg

Makronährstoffmengen von Quinoa

Quellen: auszugsweise: Wissenschaftlicher Artikel zu Amaranth und Quinoa, Steinbeis-Europa-Zentrum, Netzwerk bioaktive pflanzliche Lebensmittel, März 2011

Besondere Aminosäuren in Quinoa

Quinoa weist mit seinem speziellen Proteingehalt ein Aminosäuren-Spektrum auf, das dem der Sojabohne ähnelt und zudem den menschlichen Ernährungsanforderungen sehr gut entspricht.

Folgende essentielle Aminosäuren in Quinoa spielen eine besonders wichtige Rolle im Stoffwechselgeschehen:

- **Methionin/Lysin:** Methionin in Verbindung mit Lysin unterstützt die Bildung von Kreatin (wichtig für den Kohlenhydrat-, -Fettstoff -und Eiweißstoffwechsel), Methionin fördert die Produktion von Taurin im Körper, was für Nerven und Augen wichtig ist.
- **Glycin, Alanin und Glutamin:** wichtig für Regulierung des Blutzuckerspiegels.
- **Lysin/Arginin:** Lysin in Verbindung mit Arginin kann Arterienverkalkung und Herz-Kreislauf-Erkrankungen vorbeugen. Und dient der Stärkung des Immunsystems und unterstützt den Körper bei Gewebewachstum und Gewebereparatur. Für eine optimale und gesunde Lysin-Versorgung kann der regelmäßige Verzehr von Quinoa einen wichtigen Beitrag leisten und Nahrungsergänzungsmittel einsparen.

- **L-Tryptophan:** ist für den richtigen Tag-Nacht-Rhythmus und für den Knochenstoffwechsel notwendig.
- **Leucin:** ist wichtig für Aufbau und Reparatur von Muskeln.
- **Aminosäurederivat Betain:** hat eine wichtige Rolle bei der Regulierung des Homocysteinspiegels im Blut.

Mineralstoff- und Spurenelemente:

Mengen in 100 g Samen Quinoa, **ungekocht**		
Mineralstoffe	**Werte in [mg]**	**empfohlene Tagesdosis in [mg]**
Calcium	51 - 200	1000 - 1200
Eisen	8 - 51	10 - 15
Kalium	710 - 1040	2000
Kupfer	0,7	1 - 1,5
Magnesium	240 - 328	450
Mangan	4,3	2 - 5
Natrium	122	6000
Phosphor	470	700
Zink	4,3 - 8,7	7 - 10
Sonstige (in Spuren enthalten)		
Phenolische Substanzen (Polyphenole, Anthocyanide, Flavonoide)	x	
Carotinoide	x	
Saponine (Bitterstoffe)	x	

Wichtigste Mineralstoffe und Spurenelemente in Quinoa

Zur Beurteilung der Wirkung der in Quinoa enthaltenen Nährstoffe ist es wichtig zu wissen, dass das Gewichtsverhältnis von ungekochten zu gekochten Quinoa ca. 1:3 ist: d.h. aus 100 g Quinoasamen erhält man ca.300 g gekochten Quinoa. 100 g gekochter Quinoa enthalten demnach etwa 1/3 der o.g. Wertangaben.

100 Gramm Quinoa-Samen (ungekocht) liefern bereits die Hälfte der täglich zu verzehrenden Menge an Magnesium. Magnesium ist für die Zellprozesse im Körper sehr wichtig, hilft die Blutgefäße zu entspannen und kann dadurch

u.a. Migräne lindern. Magnesium unterstützt die Übertragung von Nervenimpulsen und ist neben Calcium an der Bildung von gesunden Knochen und Zähnen beteiligt. Eine ausreichende Magnesium- und Kalium-Versorgung hilft Herzerkrankungen vorzubeugen und den Blutdruck in den Griff zu bekommen. Zink ist eines der Schlüssel-Mineralien zur Steuerung von wichtigen Stoffwechselprozessen.

Nährstoffgehalt von Quinoa im Vergleich zu anderen ausgewählten Getreidesorten

Quelle: www.nature.de "Quinoa, ein wertvolles Nahrungsmittel"

je 100 g	Eiweiß [g]	Fett [g]	Kohlenhydr. [g]	kcal
Quinoa	15,2	5	60	350
Weizen	11,7	2	59	309
Amaranth	14,6	8,8	56,8	365
Mais	9,2	3,8	65	338
Hafer	12,6	7,1	61	359
Reis	7,4	2,2	75	353

je 100 g	Vit.B1 [mg]	Vit.B2 [mg]	Vit.C [mg]	Vit.E [mg]
Quinoa	0,28	0,35	4,4	4,7
Weizen	0,48	0,14	-	3,2
Amaranth	0,8	0,19	n.a.	n.a.
Mais	0,36	0,2	-	0,5
Hafer	0,52	0,17	-	1,1
Reis	0,32	0,05	-	0,7

je 100 g	Calcium [mg]	Kalium [mg]	Magnesium [mg]	Eisen [mg]	Zink [mg]
Quinoa	51	710	240	10,8	4,3
Weizen	45	783	144	4,5	1,3
Amaranth	214	484	308	9	3,7
Mais	63	396	126	1,9	-
Hafer	80	355	129	5,8	4,5
Reis	25	191	157	3,3	4,6

Weitere Vorteile von Quinoa:

- Quinoa hat einen niedrigen glykämischen Index (GI), d.h. die Kohlenhydrate in Quinoa bewirken nur einen langsamen Anstieg des Blutzuckerspiegels. Somit ist Quinoa die ideale Ernährungsbegleitung für all diejenigen, die Übergewicht und Diabetes haben.
- Quinoa ist glutenfrei, ideal für eine darmschonende Ernährung und bei Zöliakie.
- Quinoa ist frei von Allergenen, daher für Allergiker geeignet.
- Quinoa enthält wesentliche basische Mineralien, wie Magnesium, Eisen und Kalium. Diese helfen, den Körper zu entsäuern und einen gesunden pH-Wert aufzubauen.
- Quinoa hat sehr vielfältige Verarbeitungsmöglichkeiten.

Pflanzenbegleitstoffe wie Saponine, Phytinsäure und Oxalsäure

Quinoa enthält, wie viele andere Pflanzen, natürliche Schutzstoffe. *Saponine* sitzen in der Hülle der Samen und schützen die Pflanze z.B. vor Insektenbefall. Saponine können, in großen Mengen genossen, Probleme bei der Nährstoffabsorption verursachen und einen empfindlichen Darm schädigen. Vor allem bei Kleinkindern sollte man vorsichtig sein, da das frühkindliche Darmsystem noch nicht voll ausgebildet sein kann. Je nach Standort haben die Pflanzen mehr oder weniger Saponine. Je besser die klimatischen Bedingungen für die Pflanzen sind, umso weniger Saponine werden von der Pflanze gebildet. Saponine werden heute meist schon bei der Verarbeitung der Produkte entfernt.

Quinoasorten, die bei optimalen Wachstumsbedingungen in den Höhenlagen angebaut werden, enthalten von Natur aus besonders wenige Saponine. Daher sollte man die Samen vor dem Kochen kurz mit warmem Wasser abspülen. Sie können es auch am Geschmack erkennen: wenn das Quinoa-Produkt angenehm nussig schmeckt und nicht bitter ist, dann sind keine Saponine mehr enthalten.

Aber auch hier macht die Dosis das "Gift", denn auf der anderen Seite gibt es auch Studien, die gezeigt haben, das Saponine viele gesundheitsfördernde Wirkungen haben können, wie z.B. bei hohen Cholesterinwerten, bei Diabetes, bei Gefäßproblemen bis hin zu Krebserkrankungen. Sie müssen sich also keinen Stress machen, wenn Sie die Quinoasamen mal nicht abspülen.

Phytin- und Oxalsäure können die Resorption von Mineralstoffen wie Calcium oder Eisen behindern. Sie werden durch Einweichen, Keimen oder Kochen reduziert. Die genannten Stoffe sind nicht gefährlich. In moderaten Mengen werden Ihnen, ähnlich wie bei den Saponinen, sogar schützende Wirkungen auf den Körper nachgesagt.

Bei Menschen mit Darmproblemen und Kleinkindern sollten die Quinoasamen vor dem Kochen sicherheitshalber gründlich gewaschen werden. Im Zweifelsfall sollten Kleinstkinder auf Quinoaspeisen verzichten, damit das noch nicht voll ausgereifte Verdauungssystem nicht zu sehr belastet wird

Geschmack und Verwendungsmöglichkeiten

Der leicht nussige Geschmack von Quinoa ist eher mild und zurückhaltend: Die perfekte Grundlage für eine Vielzahl schmackhafter Variationen. Der volle Geschmack von Quinoa entfaltet sich am besten, wenn es raffiniert mit Gemüse, Gewürzen, Pilzen verfeinert oder als Beilage mit Geschmacksrichtung nach Wunsch verzehrt wird. Quinoa ist sowohl roh (gekeimt) als auch gekocht ein Genuss. Sein leichter Charakter führt zu einem Wohlgefühl nach dem Verzehr und da es sehr schnell zubereitet werden kann, ist es eine schöne Bereicherung für jede Küche.

Die nahrhaften Körner sind einfach in 20-30 Minuten gekocht bzw. ausgequollen und lassen sich vielseitig kombinieren: für Müslis, Cremes, Salate, Suppen, Aufläufe oder schnelle Pfannengerichte. Gemahlen für Gebäcke wie Brötchen, Plätzchen, Brote und Kuchen. Da dem glutenfreien Quinoa der Kleberanteil fehlt, müssen diese Mehle mit anderen Mehlen bzw. mit verkleisternden Zutaten (z.B. Guarkernmehl, Tapiokastärke) kombiniert werden. Quinoamehle können etwa zu einem Drittel anderen Mehlen zugegeben werden.

Einkauf und Produkte

Quinoa wird meist als Samen angeboten. Daneben auch als Mehl, Flocken und gepufften Samen „Pops" . Aus Quinoamehl werden inzwischen auch sehr gute Nudelqualitäten hergestellt, meist in Mischung mit anderen glutenfreien Produkten, wie z.B. Reis- oder Maismehl. Da Quinoa so vielseitig ist, gibt es inzwischen auch Quinoa-Reismilch-Produkte als sog. Pflanzendrink.

Es gibt viele unterschiedliche Quinoa-Sorten in verschiedenen Größen und Farben, die von weißen, über rötliche und braune Sorten bis zu ganz schwarzen Varianten reichen. Am häufigsten gibt es weiße, rote und schwarze Quinoasamen. Diese werden auch in Mischungen als „Quinoa tricolore" angeboten, die eine optisch ansprechende Beilage auf dem Menüteller ergeben und sich auch gut für eine dekorative Salatgrundlage eignen.

Die unterschiedlichen Farben unterscheiden sich auch in der Geschmacksintensität:

- Weißer Quinoa ist mild im Geschmack und weich im Biss.
- Roter Quinoa schmeckt kräftig aromatisch und ist etwas fester im Biss.
- Schwarzer Quinoa hat den kräftigsten Geschmack und Biss aller Quinoa Sorten

Quinoa Produkte bekommen Sie in fast allen Bio- und Supermärkten oder im Internet. Achten Sie bei diesem Naturprodukt auf Bio Qualität, um sicherzugegehen, dass keine unerwünschten Stoffe oder Pestizide enthalten sind.

Grundsätzliches zur Zubereitung und Verarbeitung

Waschen/Abspülen der Samen

Normalerweise wird empfohlen, die Quinoasamen gründlich mit warmem Wasser abzuspülen, um möglichst alle Saponine auf der Schale zu entfernen.

Dafür die Samen in einem <u>feinmaschigen</u> Sieb kurz mit Wasser abspülen und in einen kleinen bis mittleren Topf geben (Bei zu großen Töpfen würde das Wasser zu schnell verdunsten).

Oder die Samen gleich in den Topf geben, Wasser 1 bis 2 Mal in den Topf laufen lassen und wieder vorsichtig abgießen.

Mengen vor und nach dem Kochen

250 g Quinoa-Samen ergeben etwa die 3-fache Menge gekochten Quinoa, d.h. etwa 750 g.

150 g = 1 Tasse (normale Größe) Quinoa-Samen ergibt etwa 450 g gekochten Quinoa.

Zum Kochen benötigte Wassermenge

Soviel Wasser einfüllen, dass es etwa 1 cm über den Körnern steht. Das ist etwa die doppelte Gewichtsmenge wie die Samen. Mit der hier beschriebenen "Wasserstands-Methode" entfällt das genaue Abwiegen.

Koch- bzw. Quellprozess

Die Quinoasamen zum Kochen bringen, kurz aufkochen lassen, die Hitze zurückschalten, einen Deckel auflegen und bei schwacher Hitze zugedeckt in 15-20 Minuten ausquellen lassen, dabei 1 bis 2 mal vorsichtig umrühren.

Schon nach wenigen Minuten Kochzeit platzen die Samen auf und lassen die angelegten Keime zum Vorschein kommen. Am Ende der Garzeit den Deckel abnehmen und den Quinoa am besten mit einer Gabel etwas auflockern und danach etwas trocknen lassen.

ZeitsparTipp

Kochen Sie immer eine größere Quinoamenge. Gekochter Quinoa lässt sich gut einige Tage im Kühlschrank aufbewahren oder einfrieren. So können Sie bei Bedarf immer schnell darauf zurückgreifen.

Würzen

Sie können Quinoa vor oder nach dem Kochen salzen. Wenn Sie eine größere Menge vorkochen, um unterschiedliche Gerichte damit zuzubereiten, ist es besser, die vorgekochte Menge nicht zu salzen.

Sie können Quinoa auch schon während des Kochens würzen, indem Sie in das Kochwasser, je nach Verwendungszweck/Rezept z.B. Gemüsebrühe, Curcuma, Curry, Zimt, Vanille oder Nelken beigeben.

Rösten

Man kann die Körner auch vor dem Aufgießen mit Wasser einige Minuten anrösten, der Geschmack wird dann etwas nussartiger, dies passt z.B. bei einem "Quisotto" sehr gut.

Keimen

Quinoasamen sind sehr gut keimfähig: einfach in ein geeignetes Gefäß (Keimsieb oder Keimglas) geben, 1 bis 2 Mal täglich abspülen. Schon am 2. Tag zeigen sich die ersten Keimlinge, ab dem 2. Tag sind die Samen schon weich und essbar! Keimsprossen haben einen noch höheren Vitalstoffgehalt als die Samen.

Quinoa-Creme selbst gemacht - vegan

Diese selbstgemachte Creme können Sie sehr gut für alle sahnigen Zubereitungen verwenden. Sie ist sowohl für süße Gerichte, als auch mit etwas Zitronensaft oder Kräutern gewürzt, für pikante Zubereitungen sehr gut geeignet.

40 g Quinoa-Flocken oder -Mehl
100 g heißes Wasser
100 g lauwarmes Wasser
2 TL Öl (z.B. Kokosöl oder Nussöl)
1 Prise Salz oder Vanille gemahlen, je nach Verwendungszweck

Zubereitungszeit: 10 Minuten

- 200 g Wasser zum Kochen bringen.
- Flocken oder Mehl in einen <u>kleinen</u> Mixer geben, mit der Hälfte des heißen Wassers übergießen und 5-10 Minuten quellen lassen.
- Das restliche abgekühlte Wasser und das Öl dazugeben und alles noch 2-3 Minuten zu einer cremigen Masse mixen.
- Je nach Verwendungszweck mit einer Prise Salz oder mit etwas Vanille oder Vanillezucker würzen.

Tipp1:
Wenn Sie keinen kleinen Mixer haben, bereiten Sie eine größere Menge zu und füllen Sie die Creme in Schraubgläser. Die selbstgemachte Quinoa-Creme hält sich im Kühlschrank einige Tage.

Tipp2:
Mit dieser Quinoa-Creme haben Sie immer eine Basis für ein schnelles Dessert oder eine feine Sauce zur Hand. Sie ist auch ideal um Gemüse- oder Fleischsaucen zu dicken.

Anmerkungen zu den Rezepten

- Die Müsli Rezepte sind in Mengen für 2 Personen/Portionen dargestellt

- Alle anderen Rezepte sind für 4 Personen/Portionen angegeben.

- Die Mengenangaben für Flüssigkeiten gebe ich in der Regel in g (Gramm) an, da dies leichter auf der Waage abzumessen ist, als mit einem Messbecher. 1 g entspricht etwa 1 ml.

- Bei den "vegan" gekennzeichneten Rezepten sind bei den Fett- und Käse-Zutaten immer die erstgenannten Zutaten **vegan**, die zweitgenannten Zutaten bzw. Alternativen sind **vegetarisch**.

- **FlexiTipps** geben Info über unterschiedliche Verwendungsmöglichkeiten oder nicht-vegetarische Ergänzungen der Gerichte mit Fisch- oder Fleisch-Komponenten.

Süßes für Frühstück, Dessert und zwischendurch

Quinoa-Müsli mit Apfel,
Banane und Nüssen

Quinoa-Eiweiß-Power Smoothie

Quinoa-Creme mit Früchten

Quinoa-Apfelgratin

Quinoa-Crêpes mit Fruchtkompott

Quinoa Müsli mit Apfel, Banane und Nüssen – vegan

Zutaten für 2 Portionen:
80-100 g Quinoa-Flocken oder gekochter Quinoa
250 ml Quinoa-Reis-Drink
1 Prise Zimt
1 Apfel
1 Banane oder Birne
2-3 EL Apfelpüree, selbstgemacht oder aus dem Glas
1 EL Quinoa-Pops
1 EL beliebige Nüsse, grob gehackt

Zubereitungszeit: etwa 15 Minuten

- Die Flocken mit dem Quinoa-Reis-Drink und dem Zimt verrühren und einige Minuten quellen lassen.
- Apfel oder Birne waschen, vierteln und in Stücke schneiden. Die Banane in Stücke zerteilen. Apfel- und Bananenstücke und das Apfelpüree dazugeben.
- Mit Quinoa Pops und den Nüssen bestreuen.

Quinoa-Power-Eiweiß-Smoothie - vegan

Zutaten für 2 Portionen:
20 g Mandeln oder Chiasamen
20 g (2-3 EL) Quinoa-Flocken
20 g (2 EL) Quinoa-Mehl
2 TL Kokosmehl
1 Banane, Apfel oder Birne
50 g Papaya, Melone oder Beerenfrüchte
250-300 ml Quinoa-Reis-Drink
1-2 EL Kokos- oder Mandelmus

Zubereitungszeit: 10 Minuten

- Mandeln oder Chiasamen mit Quinoaflocken, Quinoa- und Kokosmehl in einen kleinen Mixer geben und zerkleinern.
- Die Früchte waschen, putzen und zerteilen.
- Früchte und Quinoa-Reis-Drink dazugeben und alles zu einer cremigen Masse mixen. Sollte die Masse zu dickflüssig sein, noch etwas Quinoa- Reis-Drink dazugeben, damit sich die Masse gut trinken lässt.

Quinoa-Creme mit Früchten - vegan

Zutaten für 2 Portionen:

100 g Quinoa-Samen
200 g Quinoa-Quinoa-Reis-Drink
1 TL Vanille
1 Prise Zimt
50 g Sahne
1 Banane
1-2 TL Abrieb einer Bio-Zitrone oder 1-2 Tropfen Bio-Zitronenöl
1 EL Zitronensaft
1-2 TL Reissirup, wenn nötig, nach Geschmack
Einige Beeren, Trauben oder Granatapfelkerne zum Garnieren

Zubereitungszeit: 30 Minuten

- Quinoa waschen, in einen kleinen Topf geben und mit dem Quinoa-Reis-Drink aufgießen. Gewürze dazugeben, den Quinoa zum Kochen bringen, dann zurückschalten und zugedeckt etwa 20 Minuten quellen lassen.

- Die Banane schälen und mit einer Gabel zerdrücken. Zitronenabrieb oder Zitronenöl und Zitronensaft dazugeben und vermischen.

- Den Deckel abnehmen und die Sahne und Bananenpüree einrühren. Mit Reissirup abschmecken.

Quinoa Apfel-Gratin - vegan

Zutaten für 4 Portionen:

200 g Quinoa-Samen
Schale und Saft von 1 Bio-Zitrone
750 ml Quinoa-Reis-Drink
250 ml Quinoa-Creme (Rezept Seite 16) oder pflanzliche Sahnezubereitung
1 Prise Salz
1 Prise gemahlene Vanille
1 Prise Zimt
3-4 EL Reissirup
50 g Rosinen oder Cranberries
4 säuerliche Äpfel, wie z.B. Boskoop oder Cox Orange
2 EL Mandelblättchen
Außerdem
1 Auflaufform, Butter für die Form

Vorbereitungszeit: 15 Minuten
Garzeit: 45-50 Minuten

- Den Backofen auf 200 Grad (Umluft 180 Grad, Gas Stufe 3-4) einstellen.

- Quinoa in einem feinen Sieb abspülen und in eine Auflaufform geben. Die Zitrone heiß abwaschen und die Schale hinein reiben. Quinoa-Reis-Drink und Quinoa-Creme oder Sahne angießen, eine Prise Salz, Vanille, Zimt, Reissirup und die Trockenfrüchte einrühren.

- Die Äpfel nach Belieben schälen, vierteln, entkernen und mittelgrob raspeln oder würfeln. Äpfel einrühren und die Form auf die mittlere Schiene stellen.

- Den Gratin 45-50 Minuten backen und Quinoa dabei ausquellen lassen. Nach etwa 15 Minuten die Quinoa-Apfelmischung einmal umrühren, damit der Quinoa gleichmäßig quellen kann.

- Wenn die Quinoasamen weich sind, nochmal umrühren, die Mandelblättchen darüber streuen und noch 5-10 Minuten backen lassen, bis diese goldbraun sind.

Quinoa-Crêpes mit Fruchtkompott - vegetarisch

Dieses Rezept kommt ganz ohne zusätzliche Zucker aus, da der Quinoa-Reis-Drink eine natürliche Süße mitbringt!

Zutaten für 4 Portionen:

500 g beliebige Früchte, wie z.B. Zwetschgen
1 Tasse Apfelsaft oder Wasser
1 Ei
Etwa 100 ml Quinoa-Reis Drink
1 EL Öl oder geschmolzene Butter
40 g Quinoa-Mehl
1 TL Weinstein-Backpulver
1 Prise Zimt, 1 Prise Vanille gemahlen oder 1-2 Tropfen Vanilleöl
Kokosöl oder Butterschmalz zum Braten

Zubereitungszeit: 30 Minuten

- Die Zwetschgen waschen entkernen und halbieren oder vierteln. Mit etwas Apfelsaft oder Wasser in einen kleinen Topf geben und etwa 5 Minuten köcheln lassen. Dann beiseite stellen.
- Für den Teig in einem Rührbecher das Ei mit dem Quinoa-Reis Drink und dem Öl oder der flüssigen Butter verquirlen. Quinoamehl mit Backpulver, Vanille und Zimt dazugeben und gründlich verrühren.
- Zum Warmhalten der Crêpes den Backofen auf 50 Grad einstellen und einen Teller hineinstellen.
- In einer Pfanne etwas Kokosöl oder Butterschmalz erhitzen, die Pfanne schräg halten und mit einer Schöpfkelle eine kleine Teigportion in die Pfanne geben und durch Drehen verlaufen lassen. Nacheinander die Crêpes braten und zum Warmhalten in den Backofen geben.
- Die Crêpes mit dem Kompott servieren

Tipp:
Dazu passt auch gut ein Klecks Schlagsahne oder eine Kugel Vanilleeis.

Bunte Sattmacher-Salate

Quinoa-Nudelsalat

Quinoa-Salat mit roten Bohnen

Quinoa-Salat mit Granatapfelkernen
und Parmesan

Quinoa-Taboulé-Salat

Quinoasalat mit Granatapfelkernen - vegan

Zutaten für 4 Portionen:

150 g Quinoa-Tricolore
1 große Möhre
1 mittelgroßer Zucchino
1 TL gekörnte Gemüsebrühe, Salz
1-2 EL Zitronensaft
1-2 EL milder Essig
2-3 EL Olivenöl oder Avocadoöl
Schwarzer Pfeffer aus der Mühle
1 Bund Schnittlauch oder 2-3 Frühlingszwiebeln
1 Tasse glatte Petersilienblätter
1 Tasse Zitronenmelisse oder Minze
50 g Pinienkerne
1 Tasse Granatapfelkerne
1-2 EL Rosinen oder Cranberries
2-3 EL veganer Hartkäse oder Parmesan

Zubereitungszeit: etwa 40 Minuten

- Quinoa in einen Topf geben, 1-2 mal kurz mit Wasser spülen und abgießen.
- Soviel Wasser einfüllen, dass es etwa 1 cm über den Körnern steht.
- Quinoa zum Kochen bringen und bei schwacher Hitze zugedeckt in etwa 20 Minuten ausquellen lassen. Am Ende der Garzeit den Deckel abnehmen und den Quinoa etwas auflockern und dabei etwas trocknen lassen.
- Möhre und Zucchino waschen und in feine Spiralen oder Juliennes schneiden (dafür gibt es kleine praktische Spiralhobel oder Julienneschneider).
- Die Gemüsestreifen mit 1-2 Tassen Wasser, in einen Topf geben und je nach Dicke 5-7 Minuten dünsten lassen, mit Gemüsebrühe und Salz würzen. Zum Ende der Kochzeit die Flüssigkeit verdunsten lassen.
- Das Gemüse in die noch heiße Quinoamasse geben.
- Mit Zitronensaft, Essig, Öl, Salz und Pfeffer eine Marinade mischen und dazugeben. Die Kräuter waschen, trocknen, grob hacken und untermischen.
- Pinienkerne in einer Metallpfanne ohne Fett und bei ständigem Bewegen goldbraun rösten und dazugeben.

- Granatapfelkerne und Rosinen oder Cranberries untermischen.
- Den Salat nochmal abschmecken
- Mit einem Sparschäler von dem Käsestück feine Späne abschälen und über den Salat streuen.

FlexiTipp:

Dieser Salat schmeckt als kleine Mahlzeit, auf einem kalten Buffet oder als raffinierte Beilage zu einem kurzgebratenen Stück Fleisch oder Fisch.

Granatapfel-Tipp:

Achten Sie beim Kauf auf die Farbe der Früchte: gelbe-leicht rötlich gefärbte Früchte haben weichere Kerne als die kräftig rot gefärbten Exemplare. Ich bevorzuge die weicheren Kerne, die übrigens auch sehr gut in einem Gläschen Sekt schmecken ☺

Quinoasalat mit roten Bohnen und Gemüse - vegan

Mit gekochtem Quinoa

Zutaten für 4 Portionen:

1 Möhre
2-3 Stangen Bleichsellerie
100-150 g Zucchini
Olivenöl
2-3 EL milder Essig
Salz, Pfeffer
1 kleine Zwiebel oder Schalotte
200 g gekochte Kidneybohnen

200 g gekochter Quinoa-Samen
2-3 Frühlingszwiebeln oder 1 Bund Schnittlauch
2 kleine Tomaten

Zubereitungszeit: etwa 30 Minuten

- Die Gemüse waschen, putzen und in etwa 5 mm dicke Scheiben schneiden
- Etwa 1 EL Öl in einer Pfanne erhitzen und Möhren- und Selleriestücke darin andünsten, mit 1 Tasse Wasser angießen und zugedeckt etwa 10 Minuten dünsten lassen. Dann die Zucchini dazugeben und noch weitere 5 Minuten mit garen.
- In einer Salatschüssel für die Marinade Essig, 1-2 EL Öl und Gewürze verrühren. Zwiebel oder Schalotte abziehen, fein schneiden und dazu geben. Bohnen und Quinoa hineingeben, vermischen und ziehen lassen. Die warmen Gemüse hineingeben.
- Frühlingszwiebeln oder Schnittlauch waschen, putzen und in Ringe schneiden. Tomaten waschen und in Achtel schneiden. Alle Zutaten vermischen und nochmal abschmecken. Nach Möglichkeit noch etwas ziehen lassen.

FlexiTipp:
Dieser Salat schmeckt als kleine Mahlzeit auf einem kalten Buffet oder als raffinierte Beilage zu kaltem Braten, wie z.B. zu Roastbeefscheiben.
Tipp:

Kidneybohnen für die schnelle Küche gibt es im Glas oder Tetrapack in kleineren Portionen. Wenn Sie genug Zeit haben, können Sie die Bohnen natürlich auch selbst vorbereiten: einige Stunden vorher oder am besten über Nacht einweichen und dann in ungesalzenem Wasser 1-2 Stunden kochen.

Quinoa-Nudel-Gemüse-Salat - vegan

Zutaten für 4 Portionen:

250 g Quinoa-Nudeln, z.B. Fusilli
500 g Gemüse nach Saison, wie z.B. Möhren, Brokkoli, Blumenkohl, grüne
Erbsen, Selleriestangen, Fenchel, Lauch, eine Sorte oder gemischt
1-2 saure Gurken
1 Schalotte
2 -3 EL Olivenöl
Pfeffer, frisch gemahlen, Salz
1 Bund Schnittlauch oder Petersilie, fein geschnitten
1-2 EL Essig

Zubereitungszeit: etwa 20 Minuten

- Die Nudeln nach Packungsanweisung "al dente" kochen.

- Die Gemüse vorbereiten und, je nach Sorte, in 2-3 mm feine Scheiben, Streifen oder kleine Röschen zerteilen. In einer Sauteuse oder Pfanne 1 EL des Öls erhitzen, das Gemüse hineingeben, mit 1 Tasse Wasser angießen und zugedeckt bei mittlerer Hitze, je nach Sorte etwa 5-10 Minuten nicht zu weich dünsten.

- Die Nudeln über ein Sieb in eine Schüssel abgießen und das Kochwasser auffangen (für weitere Verwendung, wie Suppen oder Saucen).

- Nudeln und Gemüse in eine Schüssel geben. Mit Pfeffer und Salz würzen, Schnittlauch, Olivenöl und Essig dazugeben. Den Salat etwas ziehen lassen, dann nochmal abschmecken und ggf. nachwürzen.

Tipp:
Gemüsesalate passen besonders gut zum Abendessen, auf ein Buffet oder zum Mitnehmen an den Arbeitsplatz.

FlexiTipp:
Der beliebte Partyklassiker schmeckt natürlich auch ab und zu mal gut mit pikanten Wurst-, Räucherfisch- oder Käsestreifen.

Quinoa-Taboulé-Salat - vegan

Zutaten für 4 Portionen:

1/8 l Gemüsebrühe aus Pulver oder Würfeln, Salz

50 g Quinoa-Samen
1 kleine Knoblauchzehe
1 Schalotte
1 Tomate
50 g Bio-Salatgurke
4 grüne und/oder schwarze Oliven
2 EL glatte Petersilie
2 EL Zitronenmelisse- oder Minzblätter
2 EL Olivenöl
Pfeffer
2 Tropfen Bio Zitronenöl

Zubereitungszeit: etwa 30 Minuten

- Die Gemüsebrühe mit etwas Salz zum Kochen bringen. Quinoa einstreuen und etwa 20 Minuten bei niedrigster Hitze zugedeckt quellen lassen. Wenn die Flüssigkeit zu schnell verdunstet sein sollte, noch etwas Wasser zugeben.
- Knoblauch und Schalotte schälen, sehr fein hacken und in die heiße Masse einrühren.
- Tomate schälen und in Achtel schneiden, dabei den Strunkansatz ausschneiden. Gurke waschen und fein würfeln oder stifteln. Oliven wenn nötig entkernen und fein schneiden. Zerkleinerte Gemüse unter die Masse mischen.
- Die Kräuter fein schneiden und dazugeben. Öl, Pfeffer, Salz und Zitronenöl einrühren und den Salat abschmecken.

Tipp:
Da dieser Salat am besten schmeckt, wenn er gut durchgezogen ist, eignet er sich gut zum Mitnehmen, z.B. an den Arbeitsplatz oder für unterwegs.

Suppen

Kürbissuppe mit Quinoa-Klösschen

Schnelle Champignoncremesuppe

Quinoa-Tomatensuppe mit Eierflan

Gemüsesuppe mit Möhrenstreifen

Kürbissuppe mit Quinoaklößchen - vegetarisch

Mit gekochtem Quinoa

Zutaten für 4 Portionen:

1 l Wasser
1-2 TL gekörnte Gemüsebrühe
1 TL Miso
500 g Hokkaido Kürbis, in Stücke geschnitten
100 g gekochter Quinoa-Samen
1 Ei
20 g Quinoa-Mehl
10 g Chiasamen
50 g Quark
50 g Käse gerieben
4 EL Kräuter, frisch gehackt
Salz, Pfeffer, Muskat, Curry, Curcuma

Zubereitungszeit: etwa 20 Minuten

- Für die Suppe das Wasser mit der Gemüsebrühe und Miso zum Kochen bringen. Kürbisstücke hineingeben und in etwa 20 Minuten weich kochen lassen. Dann pürieren.

- Inzwischen gekochte Quinoasamen mit Ei, Mehl, Chiasamen, Quark, Käse und der Hälfte der Kräuter verrühren. Mit den Gewürzen abschmecken.

- Aus der Quinoamasse mit einem kleinen Löffel kleine Portionen aus der Masse abstechen und daraus kleine Kugeln formen.

- Die Klößchen in die leicht kochende Suppe geben und dann bei reduzierter Hitze etwa 5 Minuten darin ziehen lassen. Die restliche Petersilie überstreuen.

VarioTipp:

Anstelle dieser herbstlichen Variante mit Kürbis können Sie diese Suppe zu anderen Jahreszeiten mit Blumenkohl, Spargel, Brokkoli oder Zucchini zubereiten. Wenn es schnell gehen muss, bereiten Sie einfach eine klare Brühe aus Würfeln und geben einige Gemüsestreifen hinein.

Schnelle Champignoncremesuppe - vegan

Dieses Rezept nutzt das gehaltvolle, cremige Kochwasser von den Quinoa Nudelspezialitäten. Anstelle für Suppen, können Sie das Kochwasser auch zum Aufgießen von Saucen verwenden. Zum Kochen von Nudeln reicht eine Wassermenge von etwa 1-2 Litern Kochwasser. Nach dem Kochen bleibt etwa noch die Hälfte der Flüssigkeit übrig. Sollte das Kochwasser noch nicht sehr "cremig" sein, rühren Sie noch 1 EL Quinoamehl in etwas kaltem Wasser an und geben es dazu.

Zutaten für 4 Portionen:

1 Liter Nudelkochwasser von Quinoa-Nudeln
1-2 EL gekörnte Gemüsebrühe
200 g frische Champignons
1 Bund Schnittlauch oder 2-3 Frühlingszwiebeln

Zubereitungszeit: 15 Minuten

- In einem Topf das Nudelkochwasser erhitzen. Mit Brühe und Salz würzen.
- Die Pilze ggf. kurz abspülen, dann putzen und in dünne Scheiben schneiden. Pilze in die Suppe geben und 2-10 Minuten ziehen lassen.
- Schnittlauch oder Frühlingszwiebeln waschen, fein schneiden, dazugeben und noch 2-3 Minuten darin ziehen lassen.

VarioTipp:

Diese schnelle Suppe gelingt auch mit Möhrenstiften, Erbsen, dünnen Zucchini-Scheiben, kleinen Blumenkohlröschen oder anderen Gemüsesorten.

Quinoa-Tomatensuppe mit Eier-Flan - vegetarisch

Mit gekochtem Quinoa

Zutaten für 4 Portionen:

Für den Flan:
1-2 Eier
1 EL Milch oder Sahne
1-2 EL Quinoa gekocht
Salz
1 EL Petersilie oder Schnittlauch
1 TL weiche Butter oder Margarine

Für die Suppe:
500-600 g reife Tomaten oder Tomatenstücke aus Dose oder Glas
1 Schalotte
1 Knoblauchzehe
1 EL Olivenöl
2-3 EL (25-30 g) Quinoa-Mehl
3/4 l Gemüsebrühe aus Pulver oder Würfel
1 TL Miso
Salz, 1-2 TL Reissirup
40 g Butter oder Sahne
2-3 EL Basilikum- oder Petersilienblätter

Zubereitungszeit: etwa 20 Minuten

- Ei mit Milch oder Sahne, gekochtem Quinoa, Salz und Kräutern verrühren. Eine Tasse mit der weichen Butter ausstreichen, die Eimasse einfüllen und mit Alufolie verschließen. In einem Topf 3-4 cm Wasser zum Kochen bringen, die Tasse mit der Eimasse hineinstellen und diese zugedeckt in etwa 10 Minuten stocken lassen.

- Die Tomaten waschen und für 2-3 Minuten in das kochende Wasser dazulegen, dann herausnehmen.

- Schalotte und Knoblauch schälen, fein würfeln und in dem Öl goldbraun andünsten.

- Quinoamehl einstreuen, 2-3 Minuten anschwitzen lassen, dann die Brühe angießen

- Die Haut der Tomaten abziehen und das Fruchtfleisch würfeln, dabei den Stielansatz entfernen. Tomatenstücke zur Suppe geben und noch einige Minuten kochen lassen bis sie zerfallen.
- Die Suppe mit Miso, Salz und Reissirup würzen. Nach Belieben mit einem Mixstab pürieren.
- Butter oder Sahne einrühren und die Suppe abschmecken.
- Die gestockte Eimasse auf ein Brettchen stürzen, in Viertel, Achtel oder Scheiben schneiden und mit den Basilikumblättern in die Suppe geben.

Tipp:
Wenn es ganz schnell gehen muss, können sie auch pürierte Tomaten aus Packung oder Glas verwenden.

VarioTipp:
Die Suppe schmeckt auch sehr gut mit Spinat oder Zucchini oder grünen Erbsen.

Gemüsesuppe mit Möhrenstreifen - vegan

Zutaten für 4 Portionen:

50 g Quinoa-Samen
150 g Zucchini, Bohnen oder andere grüne Gemüse
20 g Margarine oder Butter
1-2 EL (20 g) Quinoa-Mehl
1 l Wasser
1-2 TL gekörnte Gemüsebrühe
1 mittelgroße dicke Möhre
1 Prise Curry oder Curcuma
100 ml Quinoa-Creme (Rezept Seite 16) oder Sahne

Zubereitungszeit: etwa 25 Minuten.

- Quinoa in einen Topf geben, 1-2 mal kurz mit Wasser spülen und abgießen. Soviel Wasser einfüllen, dass es etwa 1-2 cm über den Körnern steht.

- Quinoa zum Kochen bringen und bei schwacher Hitze zugedeckt in etwa 20 Minuten ausquellen lassen. Am Ende der Garzeit den Deckel abnehmen, die Quinoasamen etwas auflockern und dabei etwas trocknen lassen.

- Inzwischen Gemüse waschen, putzen und zerkleinern. Fett erhitzen und die Gemüse darin anschwitzen.

- Das Quinoamehl überstäuben und kurz unter Rühren anrösten.

- Wasser angießen, Gemüsebrühe dazugeben und die Suppe 5-10 Minuten kochen lassen, bis die Gemüse weich sind. Die Suppe mit einem Mixstab pürieren.

- Die Möhre waschen und in feine Spiralen oder Juliennes schneiden, in die Suppe geben und noch 4-5 Minuten ziehen lassen.

- Gekochten Quinoa dazugeben.

- Die Reis- bzw. Quinoa-Creme oder Sahne einrühren und die Suppe mit Salz, Curry oder Curcuma würzen und abschmecken.

- Schnittlauch waschen, trockenschütteln, fein schneiden und über die Suppe streuen.

Tipp:

Eine ideale schnelle Suppe, wenn Sie gekochte Gemüsereste und gekochten Quinoa im Kühlschrank haben.

Küchlein, Gnocchi und Co

Quinoa-Gemüseküchlein mit
Kräuter-Joghurt-Sauce

Quinoa-Kartoffel-Gnocchi mit Gemüse

Quinoa-Cheeseburger mit Spinat

Quinoa-Crêpes mit Kürbissugo

Quinoa-Küchlein mit Kräuter-Joghurt-Sauce - vegetarisch

Zutaten für 4 Portionen:

100 g Quinoa-Samen
1-2 Schalotten
200 g Zucchini
200 g Möhren
1 Bund Schnittlauch oder Petersilie
2 Eier
40 g Emmentaler oder Pecorino, frisch gerieben
50 g Quinoa-Mehl oder -Flocken
Salz, frisch gemahlener bunter Pfeffer
1 Prise Curry
1 Prise Muskat oder Curcuma
Zum Braten: Kokosfett oder Butterschmalz
Sauce:
150 g Reiscreme, Quinoa-Creme (nach dem Rezept auf Seite 16) oder cremiger Joghurt
1 Stück Salatgurke oder 1 Fleischtomate
1 Bund Dill, Schnittlauch oder Basilikum
Salz

Zubereitungszeit: 45 Minuten

- Quinoa in einen kleinen Topf geben, ggf. kurz abspülen und 200-250 ml Wasser angießen. Aufkochen lassen, Platte auf die Hälfte zurückschalten und den Quinoa in 25-30 Minuten ausquellen lassen. Dabei gelegentlich umrühren. Die ausgequollene Masse etwas abkühlen lassen.

- Schalotten schälen und fein würfeln. Zucchini und Möhren waschen und fein stifteln oder raspeln. Die Kräuter waschen, trocknen und hacken. Gemüse und Kräuter mit dem Quinoa vermischen.

- Eier und Käse dazugeben. Quinoamehl oder -flocken und die Gewürze einrühren.

- In einer beschichteten Pfanne das Bratfett erhitzen. Mit einem Esslöffel kleine Portionen der Masse in die Pfanne setzen und etwas flachdrücken. Den Deckel auflegen und die Küchlein bei schwacher bis mittlerer Hitze etwa 5 Minuten auf einer Seite braten bis sie goldbraun sind. Den Deckel abnehmen, die Küchlein wenden und ohne Deckel noch etwa 5 Minuten weiterbraten.

- Für die Sauce Dill oder Schnittlauch waschen und sehr fein schneiden. Gurke fein raspeln oder die Tomate fein würfeln. Alles mit Quinoa-Creme oder Joghurt und Salz verrühren und abschmecken.

Tipp:

Diese Quinoa-Ei-Masse eignet sich auch sehr gut für gefüllte Gemüse wie z.B. gefüllte Paprika, Tomaten oder Kohlrouladen.

FlexiTipp:

Diese schnell bereiteten Gemüseküchlein passen sehr gut zu einem frischen Rohkostsalat, zu buntem Saisongemüse oder als Beilage zu kurzgebratenem Fleisch oder Fisch. Sie eignen sich auch sehr gut zum Mitnehmen für unterwegs.

Quinoa-Kartoffel-Gnocchi mit Gemüse - vegetarisch

Zutaten für 4 Portionen:

Gnocchi:
500 g Kartoffeln
60-80 g Quinoa-Mehl
1 Ei
1-2 TL Salz

Gemüse:
1 Knoblauchzehe
1-2 Schalotten
1-2 EL Olivenöl andünsten.
100 g Möhren
100 g Inkahörnchen oder Zucchini
1 Bund Schnittlauch
1-2 EL Pinienkerne, frisch geröstet

Zubereitungszeit: 40 Minuten

- Die Kartoffeln als Pellkartoffeln kochen, dann abkühlen lassen.
- Gekochte Kartoffeln schälen. Kartoffeln durch eine Presse drücken oder erkaltete Kartoffeln auf einer Reibe fein reiben und in eine Schüssel geben.
- Quinoamehl, Ei und das Salz dazugeben und alles vermischen.
- Aus dem Teig etwa 3 cm dicke Rollen formen, 2 cm breite Stücke abtrennen und mit einer Gabel leicht flachdrücken oder mit den Händen kleine ovale Knödel formen.
- In einem Topf reichlich Wasser zum Kochen bringen und salzen. Die Gnocchi portionsweise in das kochende Wasser geben und etwa 5 Minuten ziehen lassen, dann herausnehmen und abtropfen lassen
- Für das Gemüse Knoblauch und Schalotten fein würfeln und in 1-2 EL Olivenöl andünsten.
- Möhren waschen, putzen und in dünne Scheiben schneiden, dazugeben und bei schwacher Hitze 5-7 Minuten dünsten lassen. Sollte die Hitze zu groß sein, 1 Tasse Wasser dazugeben.

- Inkahörnchen oder Zucchini waschen. Inkahörnchen halbieren, evtl. größere Samen entfernen oder Zucchini in dünne Scheiben schneiden. Die grünen Gemüse dazugeben.
- Schnittlauch waschen, trockenschütteln, fein schneiden und zusammen mit den Pinienkernen überstreuen.

Tipp:

Sie können die Gnocchi auch mit der Gemüsesauce in einer flachen Form gratinieren, evtl. kombiniert mit blanchierten Gemüsen.

VarioTipp:

Dazu passen auch sehr gut eine schnelle Gorgonzola-Sauce oder eine Tomaten-Sahne-Sauce.

Info *zu Inkahörnchen auf Seite 65*

Quinoa-Cheeseburger mit Spinat - vegetarisch

Zutaten für 4 Portionen:

250 g Quinoa-Samen
1 Knoblauchzehe
1-2 Schalotten
1-2 EL Olivenöl
250 g Spinat TK
2 Eier
80 g Emmentaler oder Parmesan, frisch gerieben
Salz, Curry
1-2 EL Quinoa-Mehl oder Quinoa-Flocken, nach Bedarf
Zum Panieren: 2-3 EL Quinoa-Flocken
Zum Braten: Kokosöl oder Butterschmalz

Zubereitungszeit: 30 Minuten

- Quinoa abspülen und in einen Topf geben. Soviel Wasser oder Gemüsebrühe dazugeben, bis es 1 cm über dem Quinoa steht, aufkochen lassen, dann die Hitze auf die Hälfte zurückschalten und den Quinoa in 25-30 Minuten leicht köcheln bzw. ausquellen lassen, dabei gelegentlich umrühren.
- Knoblauch und Schalotten fein würfeln und in 1-2 EL Olivenöl andünsten. Spinat dazugeben und bei schwacher Hitze 5-7 Minuten dünsten lassen, dabei alle Flüssigkeit verdunsten lassen.
- Spinat mit der Quinoamasse mischen. Die Masse etwas abkühlen lassen.
- Eier und Käse dazugeben, alles vermischen und mit Salz und Curry kräftig abschmecken. Die Masse sollte nicht zu weich sein und gut zusammenhalten. Sollte sie noch zu feucht sein, noch etwas Quinoamehl oder Quinoaflocken einarbeiten.
- In einer beschichteten Pfanne etwas Bratfett erhitzen. Aus dem Teig mit nassen Händen kleine ovale Küchlein formen. Mit Quinoaflocken panieren und bei schwacher Hitze ausbraten.

Tipp:
Dazu passt eine frische Kräutersauce oder eine pikante Remoulade.
VarioTipp:

Diese würzig-pikante grüne Füllung passt auch gut in Tomaten; diese dann im Backofen gratinieren.

FlexiTipp*:*

Diese Cheeseburger schmecken ganz einfach zu einem Salat als vegetarisches Hauptgericht oder als dekorative Beilage zu einem Fleisch- oder Fischgericht.

Quinoa-Crêpes mit Kürbis-Sugo - vegetarisch

Zutaten für 4 Portionen:

Für die Crêpes:
1 Ei
1 EL Öl
40 g Quinoa- Mehl
1 TL Weinstein-Backpulver
80-100 ml Wasser
Salz

Für den Gemüsesugo:
500 g Hokkaido Kürbis
1 Schalotte oder rote Zwiebel
1 Knoblauchzehe
1 Stück frischer Ingwer
1-2 EL Kokosöl oder Butterschmalz
100-150 g Champignons
2-3 Frühlingszwiebeln
Salz, Curcuma, Curry, beliebige Kräuter

Zubereitungszeit: 40 Minuten

- In einem Rührbecher das Ei mit dem Öl, Quinoamehl, und einer Prise Salz und Backpulver vermischen. Soviel Mineralwasser einrühren, bis die Masse leicht flüssig ist, dann noch etwas quellen lassen.
- Für das Gemüse das Kürbisfruchtfleisch in 1/2 cm dicke Scheiben schneiden und diese wiederum klein würfeln. Schalotten oder Zwiebeln abziehen, fein würfeln und in etwas Kokos-oder Butterfett anschwitzen.
- Knoblauch und Ingwer ebenso schälen, fein würfeln, dazugeben und einige Minuten andünsten.
- Kürbisstücke dazugeben, mit etwas Wasser aufgießen und das Gemüse 5-7 Minuten zugedeckt dünsten lassen.
- Champignons putzen, in Scheiben schneiden, dazugeben und weitere 5 Minuten in dem Gemüse köcheln lassen.
- Frühlingszwiebeln waschen, putzen, in Ringe schneiden, dazugeben und nur noch 2-3 Minuten leicht kochen lassen. Das Gemüse mit Salz, Curcuma, Curry und Kräutern würzen und abschmecken.

- Die Crêpes-Masse prüfen, sie soll nicht zu dick sein, sondern sämig-flüssig, damit sie sich gut in die Pfanne gießen lässt. Sollte sie zu fest sein noch ein wenig Wasser unterrühren.

- Für die Crêpes wenig Fett in einer beschichteten Pfanne erhitzen, mit einer Schöpfkelle etwas Teig in die schräg gehaltene Pfanne einlaufen lassen und dabei drehen, damit sich der Teig gleichmäßig in der Pfanne verteilt. Die Crêpes von beiden Seiten goldbraun ausbraten.

- Die Crêpes auf den Teller legen, die Füllung hineingeben, den Pfannkuchen einklappen und mit dem Salat garnieren.

VarioTipp:

Anstelle der Zwiebeln passen auch Lauchstreifen, geschnittene Bleichsellerie-stangen oder bunte Mangoldstreifen zu dem satten Orange des Kürbisses.

Anstelle von Kürbis können Sie das Gericht auch mit Möhren zubereiten.

FlexiTipp:

In das bunte herbstliche Gemüse passen sehr gut Hackfleisch oder Hühner-bruststreifen. Diese separat anbraten und mit dem fertigen Gemüse mischen.

Pastagenuss mit Quinoa-Nudeln

Quinoa-Gemüse-Spaghetti

Quinoa-Penne mit mediterranem Gemüse

Quinoa-Spaghetti mit Steinpilzen

Quinoa-Fusilli mit Tomatensauce

Quinoa Nudeln sind die Stars unter den glutenfreien Nudeln, da sie beim Kochen nicht zu weich werden und man sie hervorragend "al dente" kochen kann. Das Kochwasser von Quinoa-Nudeln sollte man nicht einfach weggießen, sondern es als Basis für Saucen oder Suppen verwenden.

Quinoa-Gemüse-Spaghetti - vegan

Zutaten für 4 Portionen:

250 g Quinoa-Spaghetti
Salz
250 g grüne oder gelbe Zucchini
2 Möhren (etwa 250 g)
1-2 cm Chilischote
2 Knoblauchzehen
3-4 EL Olivenöl
1 Bund Schnittlauch oder 2 Frühlingszwiebeln

Zubereitungszeit: 30 Minuten

- Für die Nudeln etwa 2 l Wasser zum Kochen bringen. Das Wasser salzen und die Nudeln in 10-15 Minuten "al dente" kochen.

- Zucchini und Möhren, jede Sorte für sich, <u>einzeln</u> mit einem Spiralschneider zu dünnen Streifen schneiden.

- Die Chilischote waschen, entkernen und in feine Streifen schneiden. Die Knoblauchzehen abziehen und fein schneiden.

- Das Öl in einer Pfanne erhitzen und den Knoblauch in 1-2 Minuten unter Rühren goldbraun braten. Zuerst die Möhrenstreifen dazugeben und bei schwacher Hitze etwa 5 Minuten zugedeckt dünsten lassen. Sollte die Pfanne zu heiß geworden sein noch ½ Tasse Wasser angießen, damit genug Dünstflüssigkeit vorhanden ist.

- Danach Zucchinistreifen dazugeben und unter gelegentlichem Rühren 3-5 Minuten dünsten.

- Schnittlauch oder Frühlingszwiebeln waschen, fein schneiden und zu den Gemüsenudeln geben.

- Die Nudeln über ein Sieb in eine Schüssel gießen und das Kochwasser auffangen (für weitere Verwendung, wie Suppen oder Saucen).

- Die gekochten Nudeln mit den Gemüsenudeln vermischen. Mit Salz abschmecken.

VarioTipp:
Nach Belieben noch mit frisch geriebenem Parmesan oder Pecorino überstreuen.

FlexiTipp:
Zu diesem leichten Nudelgericht passen sehr gut angebratene Hühnerbruststreifen, ein saftiges Fischfilet oder Garnelen..

Quinoa-Penne mit mediterranem Gemüse - vegan

Zutaten für 4 Portionen:

250 g Quinoa-Penne
Salz
1 mittelgroße Aubergine
2 Knoblauchzehen
1 rote Zwiebel
1 Stück Chilischote
4 EL Olivenöl
500-600 g grüne Zucchini
1 gelbe Paprika
1 Fleischtomate z.B. Ochsenherztomate oder 125 g Tomatenwürfel
2-3 EL Oliven
4 Stängel glatte Petersilie
50 g Pinienkerne
50 g veganer Hartkäse oder Parmesan oder Pecorino

Zubereitungszeit: 30 Minuten

- Für die Nudeln etwa 2 l Wasser zum Kochen bringen. Das Wasser salzen und die Nudeln in 10-15 Minuten "al dente" kochen.
- Aubergine waschen, in Scheiben schneiden, diese leicht einsalzen und einige Minuten ziehen lassen.
- Inzwischen Knoblauch und Zwiebel abziehen, fein würfeln und in dem Öl glasig dünsten. Chilischote fein schneiden und dazugeben.
- Aubergine in Würfel schneiden, dazugeben und mit dünsten.
- Zucchini waschen, in 1/2 cm große Scheiben oder Würfel schneiden, dazugeben und 5-10 Minuten dünsten.
- Tomate waschen und in feine Würfel schneiden.
- Oliven und Tomaten dazugeben und das Gericht mit Salz und Pfeffer abschmecken.
- Die Nudeln über ein Sieb in eine Schüssel abgießen und das Kochwasser auffangen (für weitere Verwendung, wie Suppen oder Saucen).
- Die Nudeln mit dem Gemüse vermischen. Die Petersilie waschen, trocknen, fein hacken und überstreuen.

- Pinienkerne in einer Metallpfanne unter ständigem Bewegen goldbraun rösten und dazugeben.

- Den Käse mit einem Sparschäler in Späne schneiden und über die Nudeln geben.

FlexiTipp:

In dieses mediterrane Nudelgericht passen auch sehr gut eingelegte Thunfischstücke oder Sardellen, am besten aus zertifizierter nachhaltiger Fischerei.

Quinoa Spaghetti mit Steinpilzcreme - vegan

Zutaten für 4 Portionen:

50 g getrocknete Steinpilze
1 mittelgroße Zwiebel
1 Knoblauchzehe
3-4 EL Olivenöl
250 g Quinoa-Spaghetti oder Penne
Salz
200 g frische Steinpilze oder braune Champignons
200 g Quinoa-Creme (Rezept Seite 16), Reiscreme oder Sahne
1 TL gekörnte Gemüsebrühe
2 EL glatte Petersilie, feingehackt
etwas veganer Hartkäse oder Parmesan

Quellzeit für die Pilze: 2 Stunden
Zubereitungszeit: 30 Minuten

- Die Steinpilze mit etwa 1/4 l kochendem Wasser übergießen und mindestens etwa 1-2 Stunden quellen lassen.

- Für die Sauce die Zwiebel und die Knoblauchzehe schälen und fein schneiden. Das Olivenöl in einer Pfanne erhitzen und Zwiebeln und Knoblauch darin bei schwacher Hitze goldbraun dünsten.

- Für die Nudeln etwa 2 l Wasser zum Kochen bringen. Das Wasser salzen und die Nudeln in 10-15 Minuten "al dente" kochen.

- Dann die Nudeln über ein Sieb in eine Schüssel abgießen und das Kochwasser auffangen (für weitere Verwendung, wie Suppen oder Saucen).

- Die Nudeln mit 1 EL Butter oder Olivenöl in einen Topf geben und zugedeckt warmhalten.

- Die aufgequollenen Pilze in ein Sieb abgießen, dabei das Einweichwasser auffangen.

- Das Einweichwasser durch ein in ein Sieb gelegtes Papiertuch oder eine Filtertüte filtern. Die eingeweichten Pilze sichten, evtl. unschöne Stellen abschneiden. Die Pilze kleinschneiden, zu den Zwiebeln geben und kurz andünsten. Das gefilterte Einweichwasser aufgießen und etwa auf die Hälfte einkochen lassen.

- Die frischen Pilze putzen und in kleine Stücke oder Scheiben schneiden. In die Pilzsauce geben und mitkochen lassen.

- Die Quinoa-Creme bzw. Sahne angießen. Die Sauce leicht kochen lassen und nochmal auf die Hälfte reduzieren. Die Sauce nach Belieben noch mit etwas Butter verfeinern. Mit Salz, Pfeffer und Gemüsebrühe abschmecken. Die Petersilie einrühren.
- Die Sauce mit den Nudeln vermischen oder die Nudeln portionsweise auf die Teller geben, die Sauce darüber geben und den Käse frisch darüber hobeln.

Tipp:

Diese Pilzsauce ist zwar etwas aufwendiger wegen des Einweichens, aber dafür bringen die getrockneten Pilze wesentlich mehr Aroma als nur die frischen Pilze.

VarioTipp:

Mit dieser würzigen Pilzsauce schmeckt auch sehr gut ein "Quisotto" (eine Risotto-ähnliche Zubereitung aus Quinoa). Bereiten Sie die Sauce ohne Sahne zu und gießen Sie damit den kurz angedünsteten Quinoa auf. Geben Sie als abrundende Würzung noch etwa 50 g geriebenen Hartkäse dazu.

Quinoa-Nudeln mit Gemüse-Tomatensauce - vegan

Mit vorgekochtem Quinoa

Zutaten für 4 Portionen:

250 g Quinoa-Fusilli, Spaghetti oder Penne
Salz
1 kleine Aubergine
1 Möhre oder Zucchino
1-2 Knoblauchzehen
1 rote Zwiebel
1 kleines Stück Chilischote
4 EL Olivenöl
2-3 EL Tomatenmark oder Tomatenpüree
4-5 EL Quinoa-Tricolore, gekocht
1-2 Fleischtomaten z.B. Ochsenherztomaten oder 250 g Tomatenwürfel aus dem Glas
Pfeffer, frisch gemahlen
4 EL Blattpetersilie- oder Basilikumblätter, fein geschnitten
50 g veganer Hartkäse oder Parmesan oder Pecorino

Zubereitungszeit: 30 Minuten

- Für die Nudeln etwa 2 l Wasser zum Kochen bringen. Das Wasser salzen und die Nudeln in 10-15 Minuten "al dente" kochen.
- Aubergine waschen, in Scheiben schneiden, diese leicht einsalzen und einige Minuten ziehen lassen. Möhre oder Zucchini putzen in dünne Scheiben schneiden.
- Knoblauch und Zwiebel abziehen, fein würfeln und in dem Öl glasig dünsten. Chilischote fein schneiden und dazugeben.
- Aubergine fein würfeln, zusammen mit den kleingeschnittenen Gemüsen dazugeben und etwa 5 Minuten anbraten.
- Tomatenmark oder Tomatenpüree und den gekochten Quinoa einrühren. Die Sauce mit Salz und Pfeffer würzen.
- Tomate waschen und in feine Würfel schneiden.
- Tomaten dazugeben und mit Salz und Pfeffer kräftig abschmecken. Die Hälfte der Kräuter untermischen.

- Die Nudeln über ein Sieb in eine Schüssel abgießen und das Kochwasser auffangen (für weitere Verwendung, wie Suppen oder Saucen)und mit dem Gemüse vermischen.
- Den Käse mit einem Sparschäler oder einer Käsereibe in Späne schneiden und über die Nudeln geben. Restliche Kräuter darüber streuen.

FlexiTipp:

In dieses würzig-aromatische Nudelgericht passen auch sehr gut angebratenes Hackfleisch oder Pilze.

Bunte Pfannengerichte

Quinoa-Gemüse-Curry mit Inkahörnchen

Quinoa-Curry mit Linsen

Quinoa mit Spinat und Kirschtomaten

"Quisotto" mit Pilzen

Quinoa-Gemüse-Curry mit Inkahörnchen - vegan

Mit vorgekochtem Quinoa

Zutaten für 4 Portionen:
200 g Möhren
200 g Inkahörnchen, ersatzweise Brokkoli , Zucchini oder Zuckerschoten
1 Zwiebel oder 2 Schalotten
1-2 Knoblauchzehen
1-2 cm Ingwerknolle
4 EL Kokosöl oder Butterschmalz
2-3 EL Currymischung (Pulver oder Paste)
1 EL Curcuma
1 TL Miso
400-500 g Quinoa-Samen vorgekocht
Salz, Pfeffer aus der Mühle
1-2 TL gekörnte Gemüsebrühe
1 Tasse Kokosmilch oder Sahne
Zum Garnieren
1-2 EL Luzernen-, Kresse- oder Radieschen-Sprossen
Kapuzinerblüten, nach Saison

Zubereitungszeit: etwa 30 Minuten

- Möhren waschen und in kleine Würfel oder Stifte schneiden. Inkahörnchen waschen, längs durchschneiden, evtl. größere Samen mit einem kleinen Messer entfernen. Brokkoli, Zucchini oder Zuckererbsen waschen, putzen und grob zerkleinern.

- Zwiebel/Schalotten, Knoblauch und Ingwer schälen und fein würfeln und in dem Fett einige Minuten dünsten.

- Zerkleinerte Möhren dazugeben, mit einer Tasse Wasser aufgießen und etwa 7-10 Minuten dünsten.

- Inkahörnchen oder die anderen Gemüse dazugeben und zugedeckt noch etwa 5-7 Minuten dünsten lassen.

- Currymischung, Curcuma, Miso und gekochten Quinoa dazugeben, vermischen und noch 2-3 Minuten garen lassen. Mit Gemüsebrühe, Salz und Pfeffer abschmecken und die Kokosmilch oder Sahne einrühren.

- Mit Sprossen und Kapuzinerkresse garnieren.

Tipp1:

Inkahörnchen, auch "Inkagurke" oder "Hörnchenkürbis" genannt, sind bei uns ein bisher noch wenig bekanntes Gemüse, das ursprünglich aus der Andenregion stammt. Inkahörnchen schmecken zwar relativ neutral, sie enthalten jedoch jede Menge wertvolle Inhaltsstoffe und sehen zudem witzig aus ☺.

Sie sind eine wunderbar passende Ergänzung zu dem ebenso südamerikanischen Quinoa.

Bisher kann man das Powergemüse bei uns noch kaum kaufen, aber man kann es leicht auf dem Balkon oder im Garten anbauen. Einfach Samen im Mai auslegen und dann von August bis zum Frostbeginn ernten.

Tipp2:

Wenn es schnell gehen muss, lassen sich mit vorgekochtem Quinoa und bunten Gemüsen schnelle Gerichte zubereiten. Gekochter Quinoa lässt sehr gut einige Tage im Kühlschrank aufbewahren oder noch länger tiefkühlen.

Quinoa-Curry mit Linsen - vegan

Zutaten für 4 Portionen:

200 g Quinoa-Samen
200 g rote Linsen
1 Zwiebel
1-2 Knoblauchzehen
1-2 cm Ingwerknolle
4 EL Kokosöl oder Butterschmalz
2-3 EL Currymischung
1 TL Miso
1-2 TL gekörnte Gemüsebrühe
50 g Cashewkerne oder Mandeln
1-2 Bananen
3-4 EL Luzernen- oder Kresse-Sprossen

Zubereitungszeit: etwa 40 Minuten

- Quinoa in ein feines Haarsieb geben und kurz mit Wasser abspülen. Die Linsen in eine Schüssel geben ebenso abspülen und abgießen.
- Zwiebel, Knoblauch und Ingwer schälen und fein würfeln und in dem Fett einige Minuten dünsten.
- Currymischung und Quinoasamen dazugeben und noch 2-3 Minuten unter Rühren andünsten.
- Soviel Wasser einfüllen, dass es etwa 1 cm über den Körnern steht.
- Quinoa zum Kochen bringen und bei schwacher Hitze zugedeckt etwa 5 Minuten kochen lassen.
- Linsen, Miso und Gemüsebrühe dazugeben. Noch 1-2 Tassen Wasser einrühren, damit genug Flüssigkeit zum Quellen da ist. Das Curry bei schwacher Hitze noch 15-20 Minuten ausquellen lassen. Sollte die Flüssigkeit zu schnell verkocht sein, noch etwas nachgießen. Am Ende der Garzeit den Deckel abnehmen und die Masse etwas auflockern und dabei etwas trocknen lassen.
- Cashewkerne oder Mandeln in wenig Fett in einer Pfanne leicht anrösten.
- Banane schälen und in Scheiben schneiden. Sprossen abspülen und abtropfen lassen.

- Das Curry abschmecken und in eine Schüssel oder auf Portionsteller geben. Mit den Bananenscheiben, Cashewkernen oder Mandeln und den Sprossen garnieren.

FlexiTipp:

Eine raffinierte Kombination mit optimierter Eiweißergänzung, schmeckt solo oder als Kombination zu Fisch oder Fleisch.

Quinoa mit Spinat und Kirschtomaten - vegan

Mit vorgekochtem Quinoa

Zutaten für 4 Portionen:

600 g frischer Spinat
200 g Kirschtomaten
1-2 Knoblauchzehen
3-4 EL Olivenöl
200 g gekochte Quinoa-Samen
Salz, Pfeffer, Muskat oder Curry
1 EL Rosmarinnadeln und/ oder Salbeiblätter

Zubereitungszeit: etwa 30 Minuten

- Den Spinat putzen und waschen. Die Tomaten waschen und halbieren. Knoblauch abziehen und fein hacken.
- 1-2 EL Öl in einen Topf geben, den Knoblauch darin goldbraun braten, den Spinat tropfnass dazu geben und zugedeckt 5-7 Minuten dünsten.
- Den gekochten Quinoa dazugeben und die restliche Flüssigkeit verdunsten lassen.
- Spinat mit Salz, Pfeffer und Muskat oder etwas Curry würzen.
- Rosmarin oder Salbeiblätter fein schneiden. Das restliche Öl in einer kleinen Pfanne erhitzen, die Kräuter darin kurz anbraten, die Tomaten dazugeben und etwa 5 Minuten sautieren.
- Spinat auf den Teller geben und mit den Tomaten garnieren.

Tipp:
Zusätzlich passen dazu auch sehr gut 1-2 EL frisch geröstete Pinienkerne und nach Belieben frisch geraspelter Parmesan.
FlexiTipp:
Eine attraktive Beilage zu gebratenem Fisch oder Fleisch.

"Quisotto" mit Pilzen - vegan

Zutaten für 4 Portionen:

1 Zwiebel oder 2 Schalotten
1 Knoblauchzehe
4 EL Olivenöl

200 g Quinoa-Samen
Salz, Pfeffer, frisch gemahlen
200 g beliebige Pilze, z.B. Steinpilze
2-3 EL veganer Hartkäse oder Parmesan, frisch gerieben
1-2 TL Trüffelöl, nach Belieben
3-4 EL Schnittlauch oder Petersilie, fein geschnitten

Zubereitungszeit: etwa 30 Minuten

- Zwiebel bzw. Schalotten und Knoblauch schälen und fein hacken. Olivenöl in einem Topf erhitzen und Zwiebel und Knoblauch darin 3-4 Minuten leicht andünsten.

- Quinoa dazugeben und etwa 2-3 Minuten andünsten. Soviel Wasser oder Brühe (etwa ½ Liter) angießen, bis das Wasser etwa 1 cm über dem Quinoa steht, aufkochen lassen, dann die Hitze zurücknehmen und den Deckel auflegen. "Quisotto" bei mittlerer Hitzezufuhr 10 Minuten leicht kochen lassen.

- Pilze kurz abspülen, putzen, in dünne Scheiben schneiden und untermischen. "Quisotto" mit den Pilzen etwa 5-10 Minuten bei schwacher Hitze weiter kochen lassen, dabei ab und zu umrühren.

- Den Topf von der Platte ziehen und den Käse einrühren. Der "Quisotto" soll eine leicht cremige Konsistenz haben, eventuell noch etwas Wasser oder Brühe zugeben, dann mit Salz, Pfeffer und nach Belieben auch mit Trüffel-Öl abschmecken. Die Kräuter dazugeben.

Saison-Tipp:

Quisotto können Sie mit vielen Gemüsen abwandeln, wie z.B. Frühlingszwiebeln, Lauch, Kürbis, roter Bete oder Erbsen. Die Gemüse nach dem Waschen in feine Streifen schneiden und in etwas Öl einige Minuten vordünsten.

Aus dem Ofen

Quinoa-Tomatengratin mit
Pinienkernen und Pilzen

Quinoa-Lauch-Quiche

Quinoa-Brötchen

Quinoa-Eiweißbrot

Quinoa -Tomatengratin mit Pinienkernen - vegetarisch

Zutaten für 4 Portionen:

200 g Quinoa-Samen
150 g frische Champignons
1 Knoblauchzehe
40 g Butterschmalz oder Kokosöl
1 Bund Frühlingszwiebeln
4 Tomaten
150 g Mozzarella
50-80 g Quinoa-Creme (Rezept Seite 16) oder Sahne
2 EL Pinienkerne oder Sonnenblumenkerne
2-3 EL Basilikum- oder Petersilienblätter

Zubereitungszeit: 30 Minuten

Backzeit: 25 Minuten

- Quinoa in ein feines Haarsieb geben und kurz mit Wasser abspülen. Die Samen in einen Topf geben. Soviel Wasser einfüllen, das es etwa 1 cm über den Körnern steht. Die Quinoasamen zum Kochen bringen, die Platte zurückschalten, einen Deckel auflegen und bei schwacher Hitze zugedeckt in 15-20 Minuten ausquellen lassen, dabei 1 bis 2 mal vorsichtig umrühren.

- Am Ende der Garzeit den Deckel abnehmen und den Quinoa am mit einer Gabel etwas auflockern und dabei etwas trocknen lassen.

- Pilze ggf. kurz abbrausen, putzen und in 5 mm dicke Scheiben schneiden. Knoblauch abziehen und sehr fein würfeln.

- Frühlingszwiebeln waschen, putzen und in 1 cm breite Ringe schneiden.

- Fett in einer Pfanne erhitzen und Knoblauch und Pilze 3-5 Minuten anbraten. Geschnittene Frühlingszwiebeln einrühren.

- Den Backofen auf 200 Grad (160 Grad Umluft, Gas Stufe 2 ½) einstellen.

- Die Quinoamasse in die Form geben. Gedünstete Pilze dazugeben und leicht vermischen. Die Sahne darüber verteilen.

- Tomaten waschen und in Scheiben schneiden.

- Mozzarella-Kugel längs halbieren und in dünne Scheiben schneiden.

- Abwechselnd Tomaten und Mozzarella auf den Gratin legen. Pinien- oder Sonnenblumenkerne darüber streuen.
- Gratin in den Backofen schieben und 25-30 Minuten backen.
- Gratin aus dem Ofen nehmen, leicht abkühlen lassen und die Kräuter überstreuen.

VarioTipp:
Zusätzlich oder alternativ passen auch andere Gemüse, wie z.B. Zucchini- oder Möhrenstifte oder kleine Brokkoli Röschen.

Quinoa Quiche mit Lauch - vegetarisch

Zutaten für eine Kuchenform von 26-28 cm Durchmesser (4-6 Portionen):

Für den Teig:
100 g Quark
2 EL Wasser
3 EL Öl (25-30 g)
1 Ei (Größe M)
70 g Quinoa-Mehl
70 g Reismehl
70 g Kartoffel- oder Maismehl
1 TL Salz
½ Päckchen Weinstein-Backpulver (2 gestr. TL = 7,5 g)
2 TL Flohsamen

Für den Belag:
1 große Lauchstange
4-5 Champignons oder andere Pilze
1 EL Butterschmalz
Salz, Pfeffer, Curry
4 EL Sahne oder Creme fraîche
50 g Pecorino, frisch gerieben oder Roquefort, gewürfelt
1 Ei
1 Tomate

Zubereitungszeit: 40 Minuten
Backzeit: 20-25 Minuten

- In einer Teigschüssel Quark mit Wasser, Öl und Ei verrühren.
- Die Mehlsorten mit Salz, Backpulver und Flohsamen verrühren und mit der Flüssigmischung zügig zu einem glatten Teig verarbeiten. Sollte der Teig kleben, noch etwas Mehl dazugeben. Den Teig für einige Minuten kühl stellen.
- Den Backofen auf 180 Grad (160 Grad Umluft, Gas Stufe 2 ½) einstellen.
- Die Form fetten oder mit Backpapier auslegen. Teig in der Form zu einem Boden ausdrücken und einen Rand formen.
- Den Teig mit einer Gabel mehrmals einstechen und im Ofen 10 Minuten vorbacken.
- Lauch längs halbieren, Blätter unter Abklappen waschen und fein schneiden.

- Butterschmalz erhitzen und die Lauchstreifen 4-5 Minuten dünsten. Mit Salz, Pfeffer und Curry würzen.
- Lauchmasse auf den vorgebackenen Teig geben. Sahne oder Creme fraîche mit Käse und Ei vermischen, über den Lauch gießen und leicht einrühren.
- Die Quiche 20-25 Minuten backen.
- Tomate in Scheiben schneiden und nach dem Backen auf dem Belag verteilen.

VarioTipp:

mit vielen anderen Gemüsesorten, wie z.B. Frühlingszwiebeln, *Spinat, Spargel, Kürbis oder Wirsing.*

Quinoa Brötchen - vegan

Zutaten für 10-12 Brötchen:

250 g lauwarmes Wasser
½ Päckchen Trockenhefe (2 TL = 3,5 g)
50 g Quinoa-Mehl
50 g Reismehl
50 g Tapiokastärke, fein gemahlen
50 g Kartoffelstärke
50 g Quinoa-Flocken
1 TL Salz
1 TL Flohsamen
1 -2 TL Chiasamen
2 TL Guarkernmehl

Zum Bestreichen: 1 EL Olivenöl, 1 EL Wasser

Zubereitungszeit: etwa 30 Minuten
Garzeit: etwa 1 Stunde
Backzeit: 30-35 Minuten

- Wasser in eine Schüssel geben und die Hefe darin anrühren.

- In einer separaten Schüssel Quinoamehl, Reismehl, Tapiokastärke, Quinoaflocken, Kartoffelstärke, Salz, Flohsamen, Chiasamen und Guarkernmehl vermischen.

- Die Mischung in das Hefewasser einrühren. Der Teig soll eher etwas fest und leicht geschmeidig sein (Glutenfreie Teige dürfen nicht zuviel Wasser enthalten, sonst werden sie klebrig).

- Den Teig zugedeckt an einem warmen Ort etwa 30 Minuten gehen lassen.

- Wenn der Teig aufgegangen ist, was Sie an einer Druckprobe erkennen können, ein Blech oder eine Brötchen- Backform bereitstellen und fetten oder mit Backpapier auslegen.

- Mit einem vorher in kaltes Wasser getauchten Löffel oder einem Eiskugelformer aus dem Teig kleine Portionen abstechen und auf das Blech setzen.

- Die Brötchen in den Backofen schieben und bei etwa 40 Grad (kleinste Stufe) noch 20-30 Minuten gehen lassen, bis sie deutlich aufgegangen sind.

- Den Backofen auf 180 Grad (160 Grad Umluft, Gas Stufe 2-3) hochdrehen und die Brötchen in 30-35 Minuten goldbraun backen.
- Olivenöl in einer Tasse mit dem Wasser verrühren und das Gebäck gegen Ende der Backzeit damit bestreichen.

Form-Tipp:

Glutenfreie Gebäcke werden meist etwas flacher als Gebackenes mit gluten-haltigem Getreide. Die Teige sind etwas klebriger, daher ist es besser die Teig-portionen mit einem Löffel oder Eiskugelformer aufs Blech zu setzen, wie im Rezept beschrieben.

Praktische Backform für Brötchen oder Baguettes:

Für solche weichen Teige gibt es praktische Backformen mit vorgeformten Kuhlen, damit die Teige in Form bleiben.

Quinoa Eiweißbrot (Low Carb) - vegan

Das ideale Brot für alle, die ab und zu mal auf weniger Kohlenhydrate und auf gute Proteinzufuhr achten möchten.

Zutaten für einen kleinen Laib:

50 g Quinoa-Mehl oder Quinoa-Flocken
20 g Leinsamenmehl
20-25 g Leinsamen, frisch geschrotet
40 g Reis-, Mandel- oder Hanfproteinpulver
10 g Kokosmehl
15 g Chiasamen
15 g Flohsamenschalen
1-2 EL Kürbiskerne oder Sesamsamen, nach Belieben
Gewürze, nach Belieben, wie z.B. Kümmel, Anis oder Koriander
1 TL Natron
1 TL Salz
170 g heißes Wasser (90°C heiß)
30 g Essig (5% Säure)
1 EL Kokosöl

Zubereitungszeit: 10 Minuten
Quellzeit: 45-60 Minuten
Backzeit: 50-60 Minuten

- In einer Schüssel die trockenen Zutaten Quinoamehl oder Quinoaflocken, Leinsamenmehl, Leinsamen, Reis-, Mandel- oder Hanfproteinpulver, Kokosmehl, Chiasamen, Flohsamenschalen und Kürbiskerne oder Sesamsamen mit Natron, Salz und den Gewürzen vermischen.

- Das Wasser aufkochen und leicht abkühlen lassen. Essig und Kokosöl dazugeben und die Flüssigkeit auf einmal auf die Zutatenmischung gießen und mit einem Rührgerät sofort gründlich unterrühren und noch 2-3 Minuten gründlich vermischen. Der Teig sollte geschmeidig, aber nicht zu weich sein. Wenn der Teig sehr weich sein sollte, noch etwas Kokosmehl oder Leinsamenmehl dazugeben.

- Den Teig mit feuchten Händen zu einer Rolle zusammendrücken und die Oberfläche glattstreichen. Den Teigling in eine Klarsichtfolie einpacken und 45-60 Minuten quellen lassen.

- Den Backofen auf 180 Grad (160 Grad Umluft, Gas Stufe 2-3 einstellen.

• Das Brot auf ein Blech oder ein Gitter legen und 50-60 Minuten backen.

VarioTipp:

Mit anderen Mehlarten und Nussarten für ein winterliches Früchtebrot: Dafür einige eingeweichte und zerkleinerte Trockenfrüchte, Haselnüsse oder Mandeln, und etwas Carob und Zimt in den Teig mischen.

Praxis-Tipp:

Dieses Brot hält sich gut, da es schön feucht ist. Dieses Eiweißbrot hat eine etwas andere Konsistenz als Hefebrote. Es ähnelt eher einem Pumpernickel-Vollkornbrot mit saftig-feuchter Konsistenz. Es lässt sich schön dünn schneiden und eignet sich auch gut als Unterlage für kleine Häppchen.

Plätzchen und Kuchen

Zartknusprige Quinoa Plätzchen

Quinoa-Cookies

Quinoa-Kokos-Orangen-Muffins

Quinoa-Zwetschgenkuchen

Quinoa-Schokokuchen

Zartknusprige Quinoa-Plätzchen - vegan

Zutaten für etwa 30 Stück:

100 g Margarine oder Butter
50 g Kokosblütenzucker
1 TL gemahlene Vanille
40 g Quinoa-Mehl
40 g Quinoa-Flocken
20 g Quinoa-Pops
1 TL Weinstein-Backpulver
4-5 EL Quinoa-Quinoa-Reis-Drink

Zubereitungszeit: 15 Minuten
Backzeit: 15-20 Minuten

- In einem kleinen Topf das Backfett zerlassen und leicht abkühlen lassen.
- In einer kleinen Schüssel Zucker, Vanille, Quinoamehl, Quinoa-Flocken, Quinoa-Pops und Backpulver vermischen.
- Das zerlassene Backfett und 1-2 EL Quinoa-Reis-Drink dazugeben und alles zu einer geschmeidigen, dickflüssigen Masse verrühren. *Die Flüssigkeitsstufe des Teiges ist entscheidend, ob die Plätzchen weniger oder mehr auseinanderlaufen.*
- Den Backofen auf 180 Grad (160 Grad Umluft, Gas Stufe 2-3) einstellen und ein Backblech mit Backtrennpapier auslegen.
- Mit 2 Teelöffeln kleine Häufchen mit etwa 5 cm Abstand auf das Blech setzen und leicht flachdrücken.
- Die Plätzchen auf der mittleren Schiene im Backofen 25-30 Minuten backen, bis sie an den Rändern leicht gebräunt sind.
- Die zarten Plätzchen <u>auf dem Blech vollständig auskühlen lassen</u>, bis sie fest sind.
- Die ausgekühlten Plätzchen mit einer Palette vom Blech nehmen, damit sie nicht zerbrechen.

VarioTipp:

In diese Plätzchen passen auch sehr gut 1-2 TL Chiasamen

Tipp1:

Diese Plätzchen sind sehr zart und schmecken am besten frisch aus dem Ofen. Sie sind immer schnell gemacht und passen auch besonders gut zu einem Eis-Dessert. Diese fein knusprigen Plätzchen in einer Dose aufbewahren, damit sie knusprig bleiben.

Tipp2:

Verwenden sie am besten immer Backtrennpapier bzw. Dauerbackfolien, damit die zarten Plätzchen nicht zerbrechen.

Quinoa-Orangen-Schoko Cookies - vegan

Zutaten für etwa 70 Stück:

140 g Kokosöl
100 g bittere Schokolade (*vegan*)
50 g Kokosblütenzuckeroder Vollrohrzucker
50 g Reissirup
3-4 EL Quinoa-Reis-Drink
1 Bio-Orange
200 Quinoa-Mehl
80 g Reismehl
20 g Stärkemehl
1 TL Johannisbrotkernmehl
2 TL Weinstein-Backpulver
2 TL gemahlene Vanille
Salz

Arbeitszeit: 30 Minuten

Backzeit: 15-20 Minuten

- Kokosöl in einem kleinen Topf schmelzen.
- Schokolade auf einem Brett mit einem großen Messer in kleine Stücke schneiden.
- Kokosblütenzucker und Reissirup in die Teigschüssel geben. 3-4 EL Quinoa-Reis-Drink mit den Süßungsmitteln verrühren. Das weiche bzw. flüssige Kokosöl einrühren.
- Orange heiß abwaschen, die Schale abreiben und einrühren.
- Quinoamehl, Reismehl, Stärkemehl, Johannisbrotkernmehl mit Backpulver, Vanille und Salz vermischen. Die Trockenmischung in die Zucker-Öl-Mischung einrühren.
- Den Teig in der Schüssel mit einem Löffel oder mit den Händen zu einem Teig zusammendrücken.
- Der Teig soll weich und geschmeidig sein. Sollte er zu bröselig sein, noch etwas Flüssigkeit einrühren (1-2 EL Quinoa-Reis-Drink oder Orangensaft).
- Den Teig zu einer Rolle formen, diese leicht flachdrücken und in eine Klarsichtfolie packen. Diesen für 20-30 Minuten kühl stellen (er darf nicht zu fest werden, soll sich leicht schneiden lassen).

- Den Backofen auf 180 Grad (Umluft 160 Grad, Gas Stufe 2-3) einstellen. Das Blech mit Backtrennpapier auslegen.
- Den schnittfähigen Teig mit einem scharfen Messer in 7-8 mm dicke Scheiben schneiden und auf das Blech legen.
- Die Plätzchen auf der mittleren Schiene des Backofens 15-20 Minuten backen.

Tipp:

Die Plätzchen in einer Dose aufbewahren.

VarioTipp:

Diese Plätzchen schmecken auch sehr gut mit 50 g Haselnüssen oder Walnüssen, fein- oder grobgehackt. Zusätzlich können Sie auch etwas geriebene Zitronenschale oder feingehackte Trockenfrüchte dazugeben.

Saftiger Quinoa-Zwetschgenkuchen - vegetarisch

Zutaten für eine Springform von 24-26 cm:

400-500 g Zwetschgen
50 g Quinoa-Mehl
50 g Kokosmehl
50 g gemahlene Mandeln
2 TL Weinstein-Backpulver
20 g Chiasamen
½ TL gemahlene Vanille
2 Eier
50 g Vollrohrzucker
50 g Reissirup
Zimtpulver
1 TL abgeriebene Schale einer Bio-Zitrone

Für die Form und zum Bestreuen:
3-4 EL Quinoa-Pops oder Quinoa-Flocken

Zubereitungszeit: 20 Minuten
Backzeit: 40 Minuten

- Für den Belag die Zwetschgen waschen, abtropfen lassen, halbieren und entkernen oder mit einem praktischen Zwetschgenentkerner in vier zusammenhängende Spalten zerteilen.
- Quinoamehl, Kokosmehl, gemahlene Mandeln, Backpulver, Chiasamen und Vanille in einer kleinen Schüssel vermischen.
- Eier schaumig rühren. Vollrohrzucker, Reissirup, Zimt und Zitronenschale einrühren und noch 1-2 Minuten rühren.
- Die trockenen Zutaten dazugeben und unterrühren.
- Die Form fetten und mit 2-3 EL gepufften Quinoa Pops bestreuen.
- Den Teig auf den Boden der Form geben und mit nassen Händen zu einem gleichmäßigen Boden ausdrücken.
- Die entkernten Zwetschgen gleichmäßig auf dem Teigboden verteilen. Etwas Zimt über die Zwetschgen streuen. Die restlichen Quinoa-Pops über den Belag streuen.
- Den Backofen auf 180 Grad (Umluft 160, Gas Stufe 3) einstellen

- Das Blech auf die mittlere Schiene stellen und den Kuchen 35-40 Minuten backen, bis sich die Ränder goldbraun färben.
- Den Kuchen aus dem Backofen nehmen und auf einem Kuchengitter auskühlen lassen.

VarioTipp:

Geht schnell und lässt sich mit anderen backfähigen Obstsorten abwandeln, wie z.B. Äpfeln, Mirabellen, Birnen, Pfirsiche etc..

Schokokuchen mit Quinoa und Banane - vegetarisch

Zutaten für eine Springform von 24 cm:

100 g Quinoa-Samen
100 g Butter oder Margarine
100 g Reissirup oder Vollrohrzucker
1 reife Banane, mit einer Gabel zerdrückt
50 g gemahlene geschälte Mandeln
50 g Kakaopulver
2 TL Weinstein-Backpulver
1 Prise Salz
1-2 TL gemahlene Vanille oder einige Tropfen Vanille-Öl
2 Eier

Für die Form: 1 EL Quinoa Flocken
Zum Verzieren: 2-3 EL Quinoa Pops

- Quinoa in einen Topf geben mit etwa der doppelten Menge an Wasser zum Kochen bringen, dann zurückschalten und zugedeckt in 20-30 Minuten gut ausquellen lassen.

- Die gequollenen Quinoasamen in eine Teigschüssel geben und die Butter auf die noch heiße Masse legen, damit sie weich werden kann.

- Süßungsmittel und zerdrückte Banane ebenfalls dazugeben. Die Zutaten kurz verrühren.

- Den Backofen auf 180 Grad (Umluft 160, Gas Stufe 3) einstellen. Eine Backform fetten und den Boden mit Quinoaflocken ausstreuen.

- Gemahlene Mandeln, Kakaopulver, Backpulver, 1 Prise Salz und Vanille vermischen und auf die weiche Masse geben.

- Die Eier ebenso dazugeben und alles mit dem Rührgerät zu einem cremigen Teig verrühren.

- Den Teig in die Backform gleiten lassen. Die Oberfläche glattstreichen und mit den Quinoa-Pops bestreuen.

- Den Kuchen auf der mittleren Schiene des Backofens 35-40 Minuten backen.

- Den Kuchen aus dem Backofen nehmen und auf einem Kuchengitter auskühlen lassen.

VarioTipp:

Zusätzlich passen auf diesen herrlich schokoladigen Kuchen noch Birnen, Äpfel oder Aprikosen, diese in Spalten oder Stücke schneiden und auf der Oberfläche verteilen. Alternativ können Sie diesen Kuchen auch mit dem Orangenpüree aus dem nachfolgenden Rezept abwandeln.

Tipp:

Wenn Sie gekochten Quinoa im Kühlschrank haben, können Sie sich das Vorkochen sparen, sie brauchen dann 300 g gekochten Quinoa. Schmelzen Sie Butter oder Margarine extra in einem kleinen Topf und geben Sie das flüssige Fett auf den Quinoa.

Die Masse können Sie natürlich auch in Muffin-Förmchen backen. Die Backzeit beträgt dann 20-30 Minuten.

Quinoa-Kokos-Orangen-Muffins - vegetarisch

Zutaten für 10-12 Muffinförmchen:

1 Bio-Orange
2 Eier
80-100 g Reis-Sirup
25 g Quinoa-Mehl
50 g Quinoa-Flocken
50 g Kokosflocken
1 TL Weinstein-Backpulver
Frische Früchte nach Saison zum Dekorieren
Muffin-Förmchen aus Papier oder Silikon

Vorbereitungszeit: (Kochzeit für die Orange) 1 Stunde
Zubereitungszeit: 20 Minuten
Backzeit: 30-40 Minuten

- Die Bio-Orange gründlich mit warmem Wasser abwaschen, in einen Topf geben, soviel Wasser einfüllen, dass die ganze Frucht bedeckt ist. Das Wasser zum Kochen bringen und die ganze Orange etwa 1 Stunde kochen.
- Die gekochte Orange aus dem Wasser nehmen und etwas abkühlen lassen. Die Frucht grob zerteilen, eventuell vorhandene Kerne entfernen, die Fruchtstücke (mit der Schale!) in einen Mixbecher geben und mit Mixstab oder Mixer zu einem feinen Püree zerkleinern.
- Die Eier schaumig schlagen, Reissirup einrühren und einige Minuten weiterschlagen, bis die Masse cremig ist.
- Quinoa- und Kokosflocken mit dem Quinoamehl und Backpulver vermischen und unter die Eimasse heben. Das Fruchtpüree unter die Teigmasse mischen.
- Den Teig mit einem Esslöffel in Muffinförmchen gleiten lassen. Nach Belieben mit kleingeschnittenen Saisonfrüchten verzieren.
- Den Backofen auf 180 Grad (Umluft 160 Grad, Gas Stufe 2-3) vorheizen.
- Die Form auf die mittlere Schiene des heißen Backofens schieben und den Kuchen 30-40 Minuten goldbraun backen.

Praxis-Tipp:
Dieses aromatische Orangenpüree eignet sich auch sehr gut als Basis für Orangenmarmelade, daher lohnt es sich gleich mehrere Orangen zu kochen.

Sie können das Püree auch sehr gut einfrieren. Ich habe immer einige Portionen Orangenpürée im Tiefkühlfach.

VarioTipp1:

Anstelle von Kokosflocken schmecken auch fein gemahlene Mandeln in diesen saftigen Muffins.

VarioTipp2:

Dieses Rezept schmeckt auch sehr gut mit Zitronen. Da diese mehr Säure als Orangen haben, sollten Sie dem Fruchtpüree zusätzlich 50-60 g Süßungsmittel hinzufügen. Da Zitronen in der Regel Kerne enthalten, diese nach dem Kochen entfernen.

Weitere aktuelle Bücher von Johanna Handschmann

Als Print- und E-book erhältlich

Gemüse milchsauer eingelegt, Gesund mit Sauerkraut & Co, Bassermann Verlag

Plätzchen für Weihnachten und das ganze Jahr, BOD Verlag

Natürlich süß, Rezeptideen für Kuchen, Desserts und mehr, Südwest

Die neue Vario-Trennkost, BOD Verlag

Stoffwechseltyp Rezepte nach dem Metabolic Typing Konzept, Jedes Rezept mit Zutatenmengen für Eiweißtyp, Kohlenhydrattyp und Mischtyp, BOD Verlag